BEI GRIN MACHT SICH IHR WISSEN BEZAHLT

AF148938

- Wir veröffentlichen Ihre Hausarbeit,
  Bachelor- und Masterarbeit

- Ihr eigenes eBook und Buch -
  weltweit in allen wichtigen Shops

- Verdienen Sie an jedem Verkauf

Jetzt bei www.GRIN.com hochladen und kostenlos publizieren

Hans-Jürgen Borchardt

Mehr verkaufen durch bessere Kommunikation

Die größten Fehler im Verkaufsgespräch

GRIN Verlag

Bibliografische Information der Deutschen Nationalbibliothek:

Die Deutsche Bibliothek verzeichnet diese Publikation in der Deutschen National-
bibliografie; detaillierte bibliografische Daten sind im Internet über http://dnb.d-
nb.de/ abrufbar.

Impressum:

Copyright © 2011 GRIN Verlag, Open Publishing GmbH
Druck und Bindung: Books on Demand GmbH, Norderstedt Germany
ISBN: 978-3-640-82939-2

Dieses Buch bei GRIN:

http://www.grin.com/de/e-book/166572/mehr-verkaufen-durch-bessere-kommuni-
kation

Verschenkter Erfolg durch schlechte Kommunikation

Kommunikation. Es geht nicht ohne. Wir brauchen sie ununterbrochen, um zu erklären, motivieren, zu loben, Anweisungen zu geben, Angebote abzugeben, Reklamationen abzuwickeln, zu schimpfen etc., etc. Jeden Tag kommunizieren wir im Alltagstrott mehr oder weniger gedankenlos, ohne die unendlichen Vorteile, die beim bewussten Gebrauch möglich sind, zu nutzen.

Kommunikation ist Interaktion. Es ist der Gedanken- und Meinungsaustausch mit dem Ziel der wechselseitigen Beeinflussung. Wer diesen Prozess konstruktiv gestalten will, muss möglichst schnell

- das Kommunikationsziel
- die Absicht
- den Grund bzw. das Motiv und
- die Erwartungshaltung

des Gesprächspartners erkennen, um die Diskussion, die Auseinandersetzung, das Gespräch, den Streit zielführend zu gestalten. Um das zu erreichen, muss man zuhören und nicht unterbrechen. Jede Unterbrechung ist, vereinfacht und übertrieben formuliert, eine Missachtung der gegnerischen Argumente und löst immer Verärgerung oder Aggression aus.

Wer nicht zuhört und die eingebrachten Argumente missachtet, sondern nur versucht, die eigenen Argumente durchzusetzen, kann nicht zielführend argumentieren. Der Partner/der Gegner erwartet, dass seine Argumente aufgenommen und geprüft werden. Wenn dieser jedoch feststellt, dass das nicht der Fall ist, ist eine gütliche Einigung nur noch selten möglich.

Dabei sollte auch immer daran gedacht werden, was der Kommunikations-wissenschaftler Paul Watzlawick gesagt hat: „Man kann nicht nicht kommunizieren." Mit anderen Worten, auch wenn man nicht spricht, zeigen Mimik, Körpersprache, Gestik dem anderen mehr oder weniger deutlich, was man denkt und fühlt.

Beispiel Arbeitsvorgaben
Es passiert täglich zig tausend Mal, dass etwas falsch gemacht wird. Fast immer liegt es daran, dass die Arbeitsvorgaben für den Ausführenden nicht eindeutig waren. Der Chef glaubt, er habe die Vorgaben zur Ausführung richtig formuliert. Der Mitarbeiter hat so gearbeitet, wie er es verstanden hat. Beide fühlen sich im Recht und jeder ist verärgert.

Das Ergebnis: Der Chef ist wütend und schlecht gelaunt, weil er an den verärgerten Kunden und die zusätzlichen Kosten denkt. Beim Mitarbeiter ist die Motivation futsch und er denkt: „Rutsch mir doch den Buckel runter" und macht nun seine Arbeit nach Vorschrift. Und wenn der Fehler vor Ort passiert, zweifelt der Kunde an der Kompetenz des Unternehmens und die Sorgfalt der Arbeitsvorbereitung.

Empfehlung
Bei der Übergabe und Erklärung einer Arbeit sollte man sich Zeit lassen. Wenn die Abläufe –ausgenommen sind sich ständig wiederholende Standardleistungen- mit dem Mitarbeiter durchgesprochen werden, kann gleichzeitig überlegt werden, ob und wie die Arbeit vielleicht noch besser bzw. einfacher abgewickelt werden kann. Dabei werden dann evtl. Missverständnisse zuverlässig entdeckt.

Beispiel loben
Loben ist eine der erfolgreichsten Maßnahmen um Leistungen, Sorgfalt, Betriebsklima, Motivation, Identifikation nachhaltig zu steigern. Dennoch, nur wenige Chefs loben Ihre Mitarbeiter und verschenken somit ein Leistungspotential von 30 bis manchmal 40%, wie Untersuchungen immer wieder zeigen. Mit ihrer Einstellung, Geld gegen Arbeit, versachlichen* sie die Kommunikation zu ihrem Nachteil und schöpfen die vorhandenen Möglichkeiten nicht aus.

*Lt. Sigmund Freund reagieren wir nur zu 20% auf der Sach-Ebene aber zu 80% auf der (emotionalen) Beziehungs-Ebene. Wer die Beziehungsebene vernachlässigt, verschenkt zwangsläufig Leistung und Erfolg.

Mitarbeiter fühlen sich bestätigt und motiviert, wenn sie gelobt werden. Sie erkennen in dem Lob, dass sie ihre (gute) Arbeit gewürdigt werden und bemühen sich, ihre Leistungen in Zukunft zu verbessern, damit sie aufs Neue gelobt werden. Hier ist auf einfachste Weise ein Prozess in Gang zu setzen, der jedem Unternehmen entscheidende Verbesserungen bringt. Man muss sich nur vorstellen, wie sich Mitarbeiter verhalten, die nur ihren Job machen und die, die sich mit dem Betrieb identifizieren und so verhalten, als wäre es ihr eigener Laden. Das beginnt bei der Pflege der Werkzeuge und reicht über die Qualität der Arbeit bis zum Verhalten gegenüber den Kunden. Und das alles zum Nulltarif.

Eine weitere Variante ist das Loben der Kunden. Da Kunden selten oder nie vom Auftragnehmer gelobt werden, kann man sein Image mit einem Lob schnell, nachhaltig und kostenlos steigern. So können aus Kunden Empfehler werden. Aber auch Zulieferer und andere Institutionen und Personen sind deutlich hilfsbereiter und freundlicher, wenn man Ihre Leistungen anerkennt und auch mal lobt.

Empfehlung
Mit loben ist nicht Lobhudelei gemeint. Aber wenn sich die Gelegenheit bietet, weil etwas (besonders) schnell oder gut oder umsichtig gemacht wurde und damit ein Fehler vermieden wurde, sollte unbedingt ein Lob ausgesprochen werden. Am besten, wenn alle Mitarbeiter dabei sind, damit sich die Wirkung potenziert. Der Gelobte fühlt sich doppelt bestätigt und die anderen werden animiert, ebenfalls diesem Vorbild nachzueifern.

Beispiel Arbeitsabwicklung

Es ist schon oft gesagt und geschrieben worden: Das „Wie" ist fast wichtiger als das „Was". Wenn die Mitarbeiter sich anmelden, sich vorstellen und die Kunden verbal und non-verbal höflich behandeln, entsteht zwangsläufig ein positives Verhältnis. Wenn dagegen der Termin nicht eingehalten wird und keine Entschuldigung erfolgt oder die Toilette benutzt wird, ohne um Erlaubnis zu fragen oder unfreundlich und mürrisch geantwortet wird, ist der Kunde frustriert. Er hatte sich die Abwicklung anders vorgestellt.

Auch wenn die Arbeit korrekt ausgeführt wurde, ist die schlechte Kommunikation der Grund, warum der Betrieb nicht weiter empfohlen wird. So werden neue Kunden „verschenkt".

Empfehlung

Egal, ob man selbst oder die Mitarbeiter vor Ort die Arbeit erledigen, Grundbedingung ist immer eine offene und freundliche Kommunikation mit den Kunden. Sie sind die Auftraggeber, sie bezahlen für die Arbeit und wollen das entsprechend gewürdigt wissen. Werden ihre Erwartungen nicht erfüllt, geben sie den nächsten Auftrag an eine andere Firma.

Beispiel Reklamation

Reklamationsgespräche neigen dazu, sehr schnell „aus dem Ruder zu laufen". Der Unternehmer fühlt sich persönlich angegriffen, weil er schlecht gearbeitet haben soll. Der Reklamierende ist sauer, weil nach seiner Meinung die Arbeit nicht ordnungsgemäß ausgeführt wurde und er jetzt auch noch die Arbeit und den Ärger mit der Abwicklung der Reklamation hat. So passiert es immer wieder, dass die Tonlage und die Wortwahl des Kunden beim Unternehmer schlagartig den Blutdruck hochtreiben. Das Ergebnis: Es kommt zu keiner sachlichen Klärung, sondern zur Konfrontation. Oft ist dann das Gericht Endstation dieser Auseinandersetzung.

Ein weiterer Fehler, der ebenfalls zur Eskalation führen kann, ist der Gebrauch von Fachbegriffen und das Zitieren von Normen, DIN- oder anderen rechtlichen Vorschriften. Kunden, die mit diesem –für sie unverständlichen Fachchinesisch-konfrontiert werden, fühlen sich dann oft „vorgeführt". Sie empfinden diese Argumentation nicht als Beweis der Kompetenz, sondern als Demonstration im Sinne: „Sie haben doch keine Ahnung".

Empfehlung

Wer sich der Macht der Worte bewusst ist, wird mit dieser Situation ganz anders umgehen. Er lässt sich nicht vom Kunden provozieren, sondern gibt zu, dass er den Ärger versteht und wahrscheinlich genauso reagiert hätte. Damit ist die Situation sofort grundsätzlich entschärft, weil dem Kunden kein Widerstand geboten wird und somit die Basis für eine weitere Eskalation entfällt. Wenn die Argumentation dann in verständlicher Form erfolgt, und der Kunde noch gefragt wird, wie er sich eine faire Lösung vorstellt, ist die Lösung meistens schnell gefunden.

Wird so miteinander kommuniziert, können meistens beide mit dem Ergebnis leben. Wenn dann die Reklamation auch noch schnell und korrekt erledigt wird, ist vielleicht ein neuer Empfehler gewonnen.

Die 9 Grundregeln in der Kommunikation mit Kunden und Mitarbeitern:

* Machen Sie sich klar, was Sie selbst erreichen wollen.
* Überlegen Sie, wie Sie Ihre Mitarbeiter -und wenn möglich Ihre Kunden-zielführend und motivierend einbinden können.
* Kommunizieren Sie positiv. Statt eine gute Arbeit kommentarlos zu akzeptieren, sagen Sie besser: "Das hast du gut gemacht." Oder, loben Sie Ihre Kunden, wenn Sie umfassend informiert wurden, die Arbeitsbedingungen gut waren, die Arbeitsstelle vorbereitet war usw., usw.
* Formulieren Sie eindeutig, damit Missverständnisse vermieden werden. Sätze wie "Ich möchte nicht, dass der Arbeitsplatz abends nicht aufgeräumt wird", irritieren.
* Wenn Sie nicht sicher sind, ob das von Ihnen Gesagte richtig verstanden wurde, lassen Sie sich das Verabredete bestätigen.
* Fragen Sie grundsätzlich am Ende von Arbeitsanweisungen, Erklärungen, Beschreibungen etc., ob noch Informationsbedarf besteht.
* Wichtige Aussagen, Bestätigungen oder Zusagen von Kunden sollten Sie grundsätzlich bestätigen.
* Geben Sie auch Ihrer non-verbalen Gestik und Ihrer Körpersprache eine positive Ausstrahlung. Ein Lächeln -auch bei ernsten oder sachlichen Themen- bewirkt oft Wunder.
* Und: Denken Sie immer daran, "Schweigen ist nicht immer Gold", denn Sie kommunizieren, auch wenn Sie nichts sagen.

So fangen Sie an

Wer etwas verändern will, muss es auch wollen. Wenn zum Willen auch noch eine konkrete Zielsetzung kommt, ist der entscheidende Schritt getan. Nehmen Sie sich vor, jeden Tag ein Lob auszusprechen und Sie werden feststellen, dass die Veränderungen schnell sicht- und messbar werden. Und vergessen Sie nicht: Das Schöne an der Leistungs- und Verhaltensverbesserung durch die Kommunikation ist,

* dass man sofort anfangen kann
* dass man keine besondere Ausbildung benötigt
* dass sie kein Geld kostet
* dass der Einsatz nur Vorteile bringt.

Hans-Jürgen Borchardt
Februar 2011

4